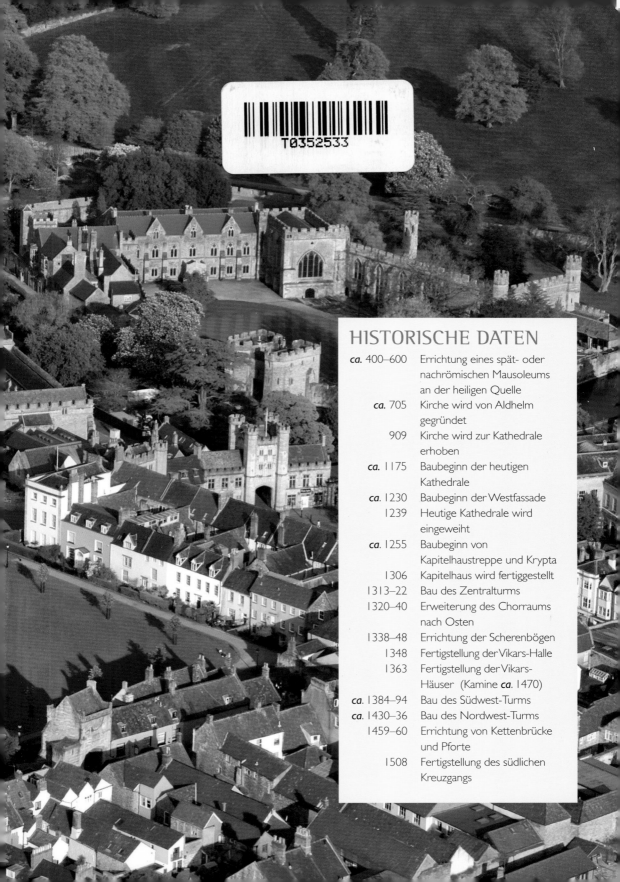

## HISTORISCHE DATEN

# DIE WESTFASSADE

Die Westfassade, die zu den prächtigsten ihrer Art zählt, sehen die Besucher bei ihrer Ankunft zumeist als erstes. Sie ähnelt einer kunstvollen Altarschranke, deren Schnitzereien sich über die gesamte Breite des Langhauses bis hin zu den Türmen zu beiden Seiten erstrecken. Sie sehen hier eine der größten Sammlungen mittelalterlicher Statuen in Europa. Die untersten Nischen enthalten biblische Szenen, rechts aus dem Alten und links aus dem Neuen Testament. Darüber befinden sich Ritter und Damen, Könige und Königinnen sowie Bischöfe und Heilige. In der Mitte der zwölf Apostel, oben, steht der hl. Andreas, dem die Kathedrale geweiht ist, mit seinem X-förmigen Kreuz. Unmittelbar über dem Haupteingang ist die Gottesmutter zu sehen, darüber der thronende Himmelskönig, „Majestas Domini", der 1985 von David Wynne als Ersatz für ein stark verwittertes Original geschaffen wurde.

Bei Fertigstellung der Kathedrale war die Westfassade in kräftigen Rot-, Blau- und Grüntönen gehalten. Sie diente als Hintergrund für religiöse Umzüge, vor allem der Palmsonntagsprozession, die den Einzug Jesu in Jerusalem feierte. An Umzugstagen wurden die Kirchgänger beim Betreten der Kathedrale von Trompetenklängen und Chorgesängen begrüßt, die aus speziell dafür geschaffenen Öffnungen zwischen den Statuen erklangen.

*Oben und rechts:* Ausschnitte aus der Westfassade

# DIE ANFÄNGE

D irekt hinter der Kathedrale, auf dem Gelände des Bischofspalasts,
befinden sich die vier heiligen Quellen (englisch: **wells**), die der Stadt
ihren Namen gaben. In römischer Zeit, oder vielleicht auch früher,
standen hier wahrscheinlich ein Schrein und später dann eine christliche Kapelle.
Im Jahr 705 übergab Ine, der König von Wessex, dem Bischof von Sherborne das
Land für den Bau einer Kirche. Sechzig Jahre später ging noch mehr königliches
Land an „das Münster neben der bedeutsamen Quelle namens Wiela [Wells],
damit die Priester dort in der Kirche des hl. Apostels Andreas Gott allein noch
eifriger dienen können". Im Jahr 909 wurde das Münster zur Kathedrale der
Grafschaft Somerset erhoben. Diese sächsische Kathedrale befand sich südlich
vom heutigen Standort, mit ihrem östlichen Abschnitt nahe an den Quellen und
ihrer Westfassade zum Marktplatz hin. Ihrem letzten Bischof Giso (1060–88)
folgte der von Wilhelm dem Eroberer ernannte John de Villula, der seinen Sitz
sofort in das größere Bath verlegte. Trotz des Verlusts ihres Status als Kathedrale
verfügte die Kirche aber weiterhin über einen kompletten Klerus und alle
Gottesdienste. Das älteste Stück in der heutigen Kathedrale ist das Taufbecken
aus der sächsischen Kirche, mit einer Abdeckung aus dem 17. Jh. Es wird seit
über tausend Jahren für christliche Taufen verwendet.

*Ganz links:* Die Heilige Quelle
*Links:* Sächsisches Taufbecken
*Oben:* Teil einer sächsischen
Tumba-Deckplatte

# DIE NEUE KATHEDRALE: DAS LANGHAUS

U m das Jahr 1175 gab Bischof Reginald de Bohun den Bau einer neuen, prächtigeren Kirche in Wells etwas nördlich vom Standort der sächsischen in Auftrag. Sie war die erste Kirche Englands, die zur Gänze im neuen gotischen Stil erbaut wurde.

Sie wies anstelle der Rundbögen Spitzbögen auf, anstatt des Tonnengewölbes gab es ein Rippengewölbe und die Fenster waren viel größer. Die Arbeiten begannen mit dem Chorraum, und zwar zwischen der heutigen Kanzel und dem Bischofsthron, und verliefen dann weiter nach Westen hin das Langhaus entlang bis zur Westfassade. An der Nordseite des Langhauses befindet sich auf halber Strecke der Haupteingang mit seinem hohen und reich verzierten Portal. Der Großteil der Arbeiten wurde unter dem Baumeister Adam Lock durchgeführt, und nach dessen Tod im Jahre 1229 war sein Nachfolger Thomas Norreys für die Ausschmückung der Westfassade zuständig.

Die Pracht der neuen Kirche veranlasste Bischof Jocelin 1239 den Papst zu bitten, diese wiederum zum Bischofssitz zu erheben und ihr den Status einer Kathedrale zu verleihen. Die Genehmigung dazu erging 1245 und der Bischof erhielt den Titel Bischof von Bath und Wells.

*Oben:* Fürbittkapelle
*Unten:* Neuer Eingang zum Kreuzgang

# DIE SCHERENBÖGEN

D ie eindrucksvollsten Merkmale des Langhauses sind die Triforien über den Säulen zu beiden Seiten, die das Auge auf die Chorschranke und die herrlichen Scherenbögen am östlichen Ende lenken. 1313 wurde ein aufwändigeres Stockwerk über dem Zentralturm angebracht, was allerdings verhängnisvolle Folgen hatte, denn der Turm entwickelte Risse und neigte sich. Zwischen 1338 und 1348 schuf der Baumeister William Joy schließlich eine großartige und erfolgreiche Lösung in Form eines Scherenbogens an den drei Seiten der Vierung unter dem Turm. Diese wurden noch durch versteckte Pfeiler ergänzt, die den Druck verteilten und den Turm abstützten.

Das Langhaus war vor allem für Prozessionen ausgelegt und die einzigen Sitzgelegenheiten waren die Steinbänke an den Wänden. Bis ins 19. Jh. wurde es in der Regel nicht für Gottesdienste verwendet und auch heute nur für besondere Gottesdienste und die Eucharistiefeier an Sonntagen. Der Deckenschmuck in mittelalterlichem Muster wurde 1844 und 1985 restauriert. Im 15. Jh. wurden an das Langhaus zwei Fürbittkapellen angebaut und an den Altären für das Seelenheil der Stifter gebetet.

*Oben:* Schlussstein von Baumeister Adam Lock

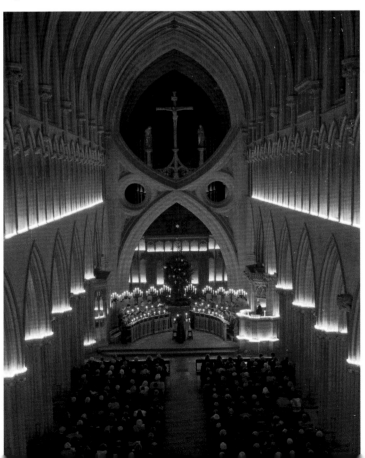

# DIE UHR

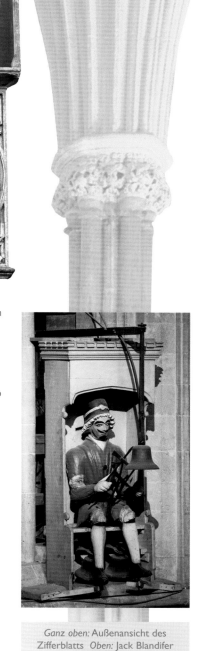

Ende des 14. Jh.
fanden täglich
bereits so viele
Gottesdienste in der
Kathedrale statt, dass
eine genaue Zeitmessung
unbedingt notwendig war.
Deshalb wurde auch in
Wells, wie bei anderen
Kathedralen, eine Uhr
angebracht. Sie ist erstmals
1392 belegt und im
Gegensatz zu anderen
Uhren noch immer
vorhanden. Alles was
innerhalb und außerhalb
des Gebäudes von der
Uhr sichtbar ist, stammt
aus dem Mittelalter. Der
äußere Ziffernkreis ist der einer 24-Stunden-Uhr mit 12.00 Uhr Mittag oben
und 12.00 Uhr Mitternacht unten. Der zweite Kreis markiert die Minuten
einer jeden Stunde mit einem kleinen Goldstern und das dritte Zifferblatt
zeigt die Tage des Monats an. Außerdem wird angezeigt, wie viele Tage seit
Neumond vergangen sind.

Beim Schlag der Viertelstunden reiten vier Ritter um einen Turm oberhalb
des Zifferblatts, und zwar zwei von jeder Seite, wie bei einem Turnier, und
einer von ihnen wird abgeworfen. Die Szene ist so alt wie die Uhr, aber die
Figuren wurden wahrscheinlich im 17. Jh. repariert und neu bemalt. Das
Gleiche gilt für Jack Blandifer, die Figur rechts. Er läutet mit seinen Fersen
zur vollen und Viertelstunde die Glocken und zur vollen Stunde schlägt er
zusätzlich mit einem Hammer auf die Glocke vor ihm.

Die Christusstatue unterhalb der Uhr wurde 1954 von Estcourt Clack
aus Eibe geschnitzt.

An der Außenwand des nördlichen Querschiffs ist unweit vom
Kettentor ein Zifferblatt mit zwei Rittern zu sehen, die vom selben
Mechanismus wie das innere Uhrwerk betrieben werden. Hier schlagen
die Ritter zur Viertelstunde mit ihren Hellebarden auf zwei Glocken.
Nach ihren Rüstungen zu schließen stammen sie aus dem 15. Jh. Das
mittelalterliche Uhrwerk wurde 1837 ersetzt und befindet sich jetzt im
Londoner Science Museum. Seit 2010 wird die Uhr nicht mehr von Hand
sondern automatisch aufgezogen.

*Ganz oben:* Außenansicht des
Zifferblatts *Oben:* Jack Blandifer

# DAS KAPITELHAUS

*Oben:* Treppe im Kapitelhaus
*Einsatz rechts:* Deckenbosse der
„Grünen Dame"

Der Grund für den Bau des 1306 fertiggestellten Kapitelhauses war der, dass Wells erneut den Status einer Kathedrale erhalten hatte. Es befanden sich darin die Diensträume von Dekan und Domherren, insgesamt Kapitel genannt. Vom nördlichen Querschiff führt eine schmale Tür zu einer breiten Treppe in den ersten Stock. Die obere Treppenflucht, die über die Kettenbrücke zur Vikars-Halle führt, kam im 15. Jh. hinzu. Die Glasfenster von ca. 1290 im Aufgang sind die ältesten in der Kathedrale. Das Deckengewölbe des achteckigen Kapitelhauses wird mit seinen 32 Rippenbögen von einer zentralen Säule abgestützt und gleicht somit einem Springbrunnen. Der Großteil des ursprünglichen Glases in den riesigen Fenstern wurde im 17. Jh. zerschlagen, aber einige Motive sind noch in den Ornamentfenstern erhalten. Das Kapitelgestühl an den Wänden trägt das Namensschild der einzelnen Domherren, deren jeweiliger Vikar (Vertreter) zu dessen Füßen in der unteren Reihe saß. Die geschnitzten Köpfe zwischen den Bögen des Gestühls reichen von Königen bis hin zu Bauern und sie strahlen Feierlichkeit sowie Humor aus. Heute ist das Domkapitel nur zu zeremoniellen Anlässen hier komplett versammelt, denn die tägliche Verwaltung der Kathedrale obliegt einem wesentlich kleineren Exekutivorgan, dem Verwaltungskapitel.

Metallarbeit an der Tür zum
Interpretationszentrum

# DAS INTERPRETATIONSZENTRUM

Unter dem Kapitelhaus liegt die etwas früher datierte Krypta, die ehemals als Schatzkammer diente. Heute beherbergt sie das Interpretationszentrum und ist nun erstmals öffentlich zugänglich. Anhand von Ausstellungsstücken und interaktiven Displays wird die Geschichte der Kathedrale vor Augen geführt und die Besucher können sich über ihre Architektur, Geschichte, Kunst usw. informieren. Sie erhalten Einblicke in das alltägliche Leben in der Kathedrale und können u.a. dem Chor und dem Organisten bei den Proben zuhören, die Steinmetze bei der Arbeit beobachten und auch einen Blick in die Glockenkammer werfen.

Von frühen Steinsärgen bis zu den Zinntellern aus dem 17. Jh., von den Kanonenkugeln bis zum heutigen Steinmetzwerkzeug, das noch immer seinen mittelalterlichen Vorgängern ähnelt, beflügeln die Ausstellungsstücke die Phantasie und helfen, die Kathedrale mit neuen Augen zu sehen. Das Zentrum ist für alle Altersgruppen gedacht und auch für Menschen mit physischen und sensorischen Behinderungen zugänglich.

Steinmetzwerkzeug

# DER CHORRAUM

Der Chorraum steht schon seit je im Zentrum des Geschehens in der Kathedrale. Hier haben seit den Anfängen der Kathedrale fast ohne Unterbrechung tägliche Gottesdienste stattgefunden und im Chorraum wird auch heute noch die vom Chor begleitete Abendandacht abgehalten. Er wurde als erstes gebaut und wahrscheinlich bereits vor 1200 genutzt. Zwischen 1320 und 1340 wurde er dann nach Osten hin erweitert und der Marienkapelle angeschlossen. Am unterschiedlichen architektonischen Stil der drei östlichen Joche hinter Kanzel und Bischofsthron ist diese Erweiterung deutlich erkennbar. Das Chorgestühl entstand zur selben Zeit. Unter jedem Sitz befinden sich Miserikordien, oder Schnitzereien, die eine schmale Leiste trugen, so dass sich die Geistlichen während langer Gottesdienste daran abstützen konnten. Die 65 noch erhaltenen Schnitzereien zählen zu den schönsten des Landes. Sie wurden jeweils aus einem einzigen Eichenstück geschnitzt und stellen verschiedene Figuren zwischen zwei Blattgirlanden dar. Die Steinbaldachine über dem hinteren Gestühl kamen 1848 hinzu, nachdem man die im 16. Jh. errichteten Holzgalerien abgerissen hatte. Die prächtigen Stickereien wurden Mitte des 20. Jh. von einer Näherinnengilde gefertigt.

*Oben:* Miserikordie mit einer schlafenden Katze
*Rechts:* Einzug des Chors

# DAS JESSE-FENSTER UND DIE ORGEL

E in besonderes Merkmal des Chorraums ist der Bischofsthron.
Er steht der Kanzel gegenüber und ihm verdankt die Kirche des
hl. Andreas, dass ihr der Status einer Kathedrale zuerkannt wurde.

Das große Ostfenster im Chorraum aus der Zeit um 1340 ist Teil der
Osterweiterung. Es wird aufgrund seiner strahlenden Farben das Goldene
Fenster genannt und sein Buntglas aus dem 14. Jh. zählt zum schönsten
überhaupt. Der Zerstörung durch die parlamentarischen Truppen im 17. Jh.
entging es wahrscheinlich, weil es so schwer zu erreichen war.

Das Fenster zeigt den Stammbaum Christi, emporsteigend aus der
Figur Jesses, des Vaters von König David. Jesse liegt unten im Fenster. Ihm
entsprießt eine Rebe oder ein Baum. In der Mitte des Fensters ist die
Gottesmutter mit dem Kind zu sehen, unmittelbar über Jesse, flankiert von
König David mit seiner Harfe und von König Salomon mit einem Modell
seines Tempels in Jerusalem.

Auf dem steinernen *pulpitum* über dem Eingang zum Chorraum befindet
sich schon seit ca. 1335 eine Orgel. Das heutige Instrument wurde 1857 von
Henry Willis gebaut, seitdem aber umgebaut und vergrößert, zuletzt 1973–
4, als das eindrucksvolle Orgelgehäuse hinzukam. Auch die vergoldeten
Holzengel mit ihren Trompeten sind aus dem Jahre 1857.

*Ganz links:* Der Bischofsthron
*Unten links:* Das Jesse-Fenster
*Unten:* Ausschnitt aus der Orgel

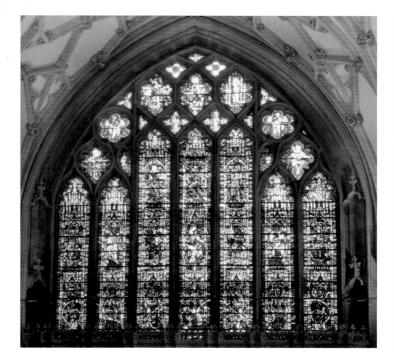

# DIE MARIENKAPELLE

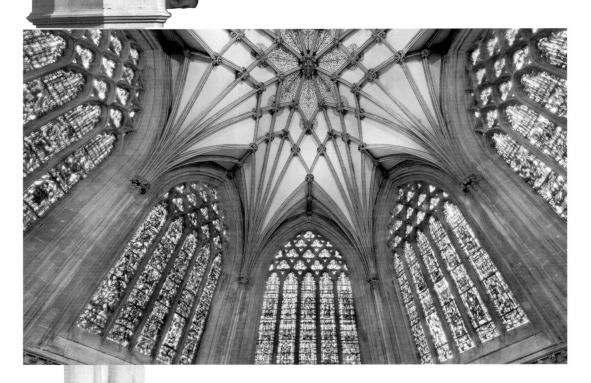

Jede mittelalterliche Kathedrale hatte eine Marienkapelle, die in Wells ursprünglich an den Kreuzgang angrenzte. Sie wurde während der Reformation zerstört, aber Überreste davon sind im Camery-Garten noch erhalten. Die Verehrung der Jungfrau Maria hatte im 13. und 14. Jh. zugenommen und so wurde 1326 eine neue Kapelle am östlichen Ende, getrennt vom Hauptteil der Kathedrale, errichtet. Sie ist ein wichtiger Hinweis auf die Faszination des Mittelalters für die heilige Geometrie: Von oben gesehen ist die Kapelle ein verlängertes Achteck, aber von innen hat man den Eindruck, als ob sie von einem Ring umgeben wäre. Kurz nach Fertigstellung der neuen Kapelle wurde der Chorraum nach Osten hin erweitert und der Retrochor als Verbindung dazu gebaut. Im oberen Teil der Fenster in der Marienkapelle ist das ursprüngliche Glas aus der Zeit um 1320–60 noch erhalten, aber der Rest ist zum Großteil ein buntes Durcheinander mittelalterlicher Glasstücke, die vor den Zerstörungen im Englischen Bürgerkrieg (1642–7) und während des Monmouth-Aufstands (1685) gerettet werden konnten.

Das Strahlengewölbe stammt aus der Zeit nach 1320, doch die bemalten Ausschmückungen gehen auf das Jahr 1845 zurück. Die moderne Madonnenstatue wurde von A.G. Walker geschaffen.

# RETROCHOR, SÜDLICHER CHORUMGANG UND SÜDLICHES QUERSCHIFF

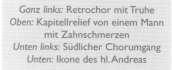

Mit dem Bau des Retrochors im 14. Jh. wurde eine Verbindung zwischen Marienkapelle und Chorraum hergestellt. Sein anmutiger Säulenwald verbindet Chorumgänge, Seitenkapellen und die Marienkapelle am Ostende. Die Wandelgänge, die als Prozessionswege ausgelegt wurden, enthalten mehr mittelalterliches Glas und eine Truhe, die noch aus der ersten sächsischen Kathedrale erhalten ist. Aus der alten Kathedrale stammen auch die Gebeine von sieben der sächsischen Bischöfe. Ihre Grabmäler aus der Zeit um 1200 befinden sich im nördlichen und südlichen Chorumgang. Schöne Eisengitter von 1450 umgeben die Fürbittkapelle und das Grabmal von Bischof Thomas Beckynton, der ein bedeutender Wohltäter von Kathedrale und Stadt war. Sein Gisant ist aus bemaltem Alabaster und sein zweistöckiges Grabmal, das oben weltliche Pracht und unten irdischen Verfall darstellt, wird als ein *memento mori* („Bedenke, dass du sterben musst") bezeichnet.

Der südliche Chorumgang führt nach Westen zum südlichen Querschiff, wo sich das sächsische Taufbecken und wunderbare Reliefs von Säulenkapitellen befinden. Sie stellen Szenen aus dem mittelalterlichen Leben dar.

*Ganz links:* Retrochor mit Truhe
*Oben:* Kapitellrelief von einem Mann mit Zahnschmerzen
*Unten links:* Südlicher Chorumgang
*Unten:* Ikone des hl. Andreas

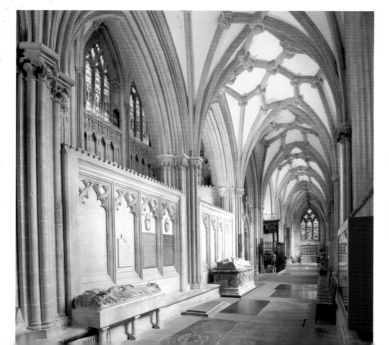

# KREUZGÄNGE UND BIBLIOTHEK

Die Kathedrale von Wells war nie eine Abteikirche, hat aber trotzdem einen Kreuzgang, der den Friedhof für den Klerus der Kathedrale umschließt. Hier führt eine „Tunkstelle" zum Wasser, das durch eine von Bischof Bekynton im 15. Jh. angelegte Leitung unter dem Kreuzgang von den Quellen zur Stadt fließt. Der östliche Kreuzgang führt zum Eingang des Bischofspalastes, dessen Türöffnung ehemals Teil des schmäleren Kreuzgangs aus dem 13.Jh. war. Vom Kreuzgang aus gelangt man zum Camery-Garten, wo die ursprünglichen Quellen zu sehen sind, sowie zum neuen Bildungsraum, zur Musikschule und zu den Toiletten. Die meisten Denkmäler wurden im 19. Jh. aus der Kathedrale entfernt und stehen nun entlang des Kreuzgangs.

Im 15. Jh. wurden die Kreuzgänge erweitert und darüber Stockwerke für die Bibliothek und ein Schulzimmer für den Chor untergebracht. Die Bibliothek wurde mit einem Legat von Bischof Nicholas Bubwith (gest.1424) finanziert. Heute sind darin um die 6.000 Bücher untergebracht, von denen einige noch an die Buchpressen von 1686 angekettet sind. Die Bücher stammen zum Großteil aus dem 16. bis 18.Jh. und spiegeln das Interesse des Klerus jener Zeit wider, das nicht nur auf Theologie beschränkt war, sondern auch Recht, Medizin, Forschung, Geschichte, Reisen, Sprachen und die Wissenschaften erfasste. Der Urkundenraum am Ende der Bibliothek beherbergt das Archiv der Kathedrale für die Zeit ab dem 11.Jh.

*Einsatz unten: Der Hailes Psalter, 1514 Einsatz rechts: Eingang vom Bischofspalast*

# VIKARS-HOF

**D**ie Männer, die in Wells im Chor singen, werden „Vicars Choral"
genannt. Sie gehören seit dem 12.Jh. zum Leben der Kathedrale.
Die vielbeschäftigten Domherren ernannten Stellvertreter, oder
„Vikare", die ihre gesanglichen Verpflichtungen übernehmen sollten. Bischof
Ralph von Shrewsbury organisierte die Vikare 1348 in ein Kolleg, ließ eine
Halle für sie bauen, in der sie auch gemeinsam essen konnten, und stellte
einem jeden ein Haus zur Verfügung. Ursprünglich waren dazu 42 kleine
Häuser um einen Viereckhof angelegt, mit einer Kapelle am hinteren Ende.
Im 15. Jh. wurde die Kettenbrücke als Verbindung von der Vikars-Halle zur
Kathedrale errichtet und auch die Gärten wurden angelegt.

Im 16.Jh. wurde die Zahl der Vikare reduziert und sie durften heiraten.
Die Häuser wurden nun zu größeren Wohneinheiten zusammengelegt und
der Vikars-Hof erhielt damit sein gegenwärtiges Aussehen. Die Tätigkeit des
Vikar-Chors blieb jedoch über die Jahrhunderte hin unverändert. Heute
singt der Chor während der Schulsemester gemeinsam mit den Choristen
täglich zu den Gottesdiensten. Die Vikare wohnen noch immer in ihren
Häusern, ebenso andere Stiftungsmitglieder wie der Organist und der Leiter
der Choristen. Einige Häuser werden von der Cathedral School genutzt, die
seit ihrer Gründung als mittelalterliche Chorschule fortgedauert hat.

# DIE KATHEDRALE HEUTE

Die verschiedenen Schreine und Kirchen an diesem heiligen Ort „neben der bedeutsamen Quelle" haben seit mehr als 2.000 Jahren die Menschen in die Gegenwart Gottes gebracht. Trotz ihrer heutigen Rolle als Touristenattraktion ist die Kathedrale aber weiterhin vor allem ein Ort des Gebets und erfüllt denselben Zweck, für den sie ursprünglich erbaut wurde. An jedem Tag des Jahres kommen mindestens zweimal am Tag Klerus, Gemeinschaft und Andächtige zusammen, um Gott zu danken und für die Welt zu beten. Während der Schulsemester singt der Chor täglich zur Abendandacht, und wie zu allen Gottesdiensten sind alle dazu herzlich eingeladen. Der vielgepriesene Chor gibt auch Konzerte und seine CDs sind im Handel erhältlich.

Alljährlich werden über 300.000 Besucher aus dem In- und Ausland von unseren Mitarbeitern und freiwilligen Helfern in der Kathedrale willkommen geheißen. Der hl. Benedikt sagte, dass die Bedürfnisse von Besuchern Vorrang vor allem Übrigen haben müssen, und diesem Prinzip folgen wir auch in Wells. Im Restaurant und Shop im neuen Eingangskreuzgang wird für das leibliche Wohl gesorgt und in der Kathedrale selbst findet man immer eine ruhige Kapelle für das Gebet.

Für den neuen Eingangskreuzgang wurde ein mittelalterlicher Durchgang zum westlichen Kreuzgang wieder geöffnet. Das war der Höhepunkt eines 2009 abgeschlossenen Entwicklungsprojekts, das u. a. auch einen neuen Bildungsraum, eine Musikschule und Toiletten umfasste.